¿Quién fue la Madre Teresa?

¿Quién fue la Madre Teresa?

Jim Gigliotti

Ilustraciones de David Groff

VISTA

Para Wendy, quien a diario me recuerda hacer las pequeñas cosas con un gran amor.
J.G.

Para mis hermanos y hermanas y sus maravillosas familias.
D.G.

Título original: *Who Was Mother Teresa?*
© Del texto: 2015, Jim Gigliotti.
© De las ilustraciones: 2015, Grupo Penguin (USA) LLC
© De la ilustración de portada: 2015, Nancy Harrison
Todos los derechos reservados.

Publicado en español con la autorización de Grosset & Dunlap, una división de Penguin Group.

© De esta edición:
2019, Vista Higher Learning, Inc.
500 Boylston Street, Suite 620.
Boston, MA 02116-3736
www.vistahigherlearning.com
www.loqueleo.com/us

Dirección editorial: Isabel C. Mendoza
Cuidado de la edición: Ana I. Antón
Coordinación de montaje: Claudia Baca
Servicios editoriales de traducción por Cambridge BrickHouse, Inc.
www.cambridgebh.com

¿Quién fue la Madre Teresa?
ISBN: 978-1-631-13425-8

Todos los derechos reservados. Esta publicación no puede ser reproducida, ni en todo ni en parte, ni registrada en o transmitida por un sistema de recuperación de información, en ninguna forma ni por ningún medio, sea mecánico, fotoquímico, electrónico, magnético, electroóptico, por fotocopia o cualquier otro, sin el permiso previo, por escrito, de la editorial.

Published in the United States of America.

2 3 4 5 6 7 8 9 GP 27 26 25 24 23

Índice

¿Quién fue la Madre Teresa? 1

Infancia 5

Llamado a la vida espiritual 17

Marcharse de casa 27

A la India 37

Una larga espera 48

En las barriadas 61

Los pobres más pobres 72

Las Misioneras de la Caridad
   se expanden por el mundo 82

Una santa entre nosotros 93

Líneas cronológicas 102

¿Quién fue la Madre Teresa?

La Madre Teresa miraba por la ventana del tren mientras se dirigía desde la agitada ciudad de Calcuta, en la India, hacia el pueblo montañoso de Darjeeling, en septiembre de 1946.

El paisaje rural de la India era muy hermoso, pero el viaje en tren duraba muchas horas. Con tantas curvas, vueltas y zigzags para subir la montaña, el tren se movía despacio. Sin embargo, esto no era un problema. La Madre Teresa tenía bastante tiempo para pensar.

La Madre Teresa estaba viajando desde Santa María, la escuela para chicas en la que trabajaba, a su retiro anual en Darjeeling. Un retiro es un buen lugar para alejarse del ruido y las distracciones de la vida diaria, y para disfrutar con tranquilidad de la oración y la reflexión. Era el momento perfecto para pensar en Dios y llenarse de energía para empezar el nuevo año escolar.

La Madre Teresa era la directora de la escuela Santa María y por eso la llamaban "Madre". Había enseñado Historia y Geografía durante quince años. Le encantaba estar allí y amaba a sus estudiantes.

Sin embargo, la Madre Teresa se había mudado a la India para ayudar a los pobres. Mientras el tren traqueteaba, ella sentía que Dios le hablaba.

"El mensaje era muy claro", dijo más tarde. "Debía abandonar el convento (la casa donde viven las monjas) para ayudar a los pobres y vivir entre ellos".

Pasaron casi dos años antes de que la Madre Teresa tuviera el permiso de la Iglesia católica para abandonar Santa María y vivir con los pobres en Calcuta. A partir de entonces, pasó el resto de su vida, casi cincuenta años, viviendo entre la gente

en algunas de las áreas más pobres del mundo, ayudando a los enfermos y consolando a los moribundos. Amaba a los que carecían de amor y daba esperanza a aquellos que la habían perdido. Fundó una nueva orden de monjas llamada las Misioneras de la Caridad, quienes han alimentando, y continúan haciéndolo, a millones de personas hambrientas en la India y en todo el mundo.

Pero la Madre Teresa no estaba pensando acerca de eso en el tren hacia Darjeeling. Solo estaba pensando en el primer paso, el que ella creía que provenía directamente de Dios.

"Era una orden", dijo. "Algo que debía hacer. Algo definitivo. Sabía dónde debía estar".

Capítulo 1
Infancia

La Madre Teresa nació con el nombre de Agnes Bojaxhiu el 26 de agosto de 1910, en la ciudad de Skopje, que actualmente es la capital de Macedonia, en el norte de Grecia. Al día siguiente de su nacimiento, Agnes fue bautizada en la fe católica romana.

El padre y la madre de Agnes se llamaban Nikola y Drana Bojaxhiu y eran albaneses. Agnes tenía una hermana llamada Age, seis años mayor que ella, y un hermano llamado Lazar, tres años mayor. Ellos a veces la llamaban por su segundo nombre, que era Gonxha y significa "capullo de flor".

Nikola era un hombre importante en Skopje. Era el propietario de parte de la compañía constructora que edificó el primer teatro de la ciudad y era miembro del concejo municipal. Tenía propiedades, hablaba varios idiomas y tenía otros negocios que incluían la compra y venta de productos como cuero y azúcar.

Nikola viajaba mucho por su trabajo. Agnes lo extrañaba cuando no estaba, pero siempre se alegraba al ver las sorpresas que traía y al escuchar sus aventuras.

De niña, Agnes se sentaba con frecuencia a la mesa con su familia y escuchaba a su padre contar las historias de sus viajes. A veces, también había otras personas en la mesa a las que Agnes no siempre conocía y que quizás no estaban tan bien vestidas. Cuando Agnes era muy pequeña, su madre solía decirle que aquellos visitantes eran primos lejanos o amigos del vecindario. Más tarde, cuando fue suficientemente mayor para entenderlo, Agnes descubrió que eran las personas más pobres de Skopje. Necesitaban un plato de comida y tal vez un lugar para pasar la noche.

Cuando Nikola viajaba por negocios, siempre le dejaba suficiente dinero a Drana para ocuparse de todo aquel que viniera a pedirle ayuda. La gente

venía con frecuencia. Cuando Drana no estaba cocinando o limpiando para su propia familia, lo estaba haciendo para la gente necesitada del pueblo. Los Bojaxhius no eran precisamente ricos, pero nunca les faltaba nada de lo que necesitaban y siempre encontraron la manera de ayudar a aquellos que no eran tan afortunados.

Agnes aprendió muy pronto, de sus padres, a ayudar a los necesitados. A veces salía con su madre a alimentar a los hambrientos y a ayudar a sus vecinos de otras maneras.

Skopje era una comunidad animada y diversa. Mientras Agnes caminaba por las calles con su

madre, visitó el gran bazar en uno de los extremos del pueblo donde había una gran selección de ropa y cerámica. Conoció gente rica y gente pobre. Conoció gente de orígenes muy diversos. Como católica, Agnes era cristiana, pero Skopje era también el hogar de judíos y musulmanes. Agnes aprendió a respetar las diferentes religiones y a reconocer que todos eran hijos de Dios.

EL LIBRO SAGRADO DE LOS CRISTIANOS ES LA BIBLIA. HAY ALREDEDOR DE 2180 MILLONES DE CRISTIANOS EN EL MUNDO Y 1210 MILLONES DE ELLOS SON CATÓLICOS.

LA CABEZA DE LA IGLESIA CATÓLICA ES EL PAPA, A QUIEN LOS CATÓLICOS CONSIDERAN EL REPRESENTANTE DE JESÚS. EL PAPA VIVE EN LA CIUDAD DEL VATICANO, SITUADA DENTRO DE ROMA, EN ITALIA.

La casa en la que creció Agnes estaba en la misma calle de la iglesia del Sagrado Corazón. Allí, los Bojaxhiu iban a misa, el servicio eclesiástico celebrado por los católicos. La religión fue una parte importante de la infancia de Agnes. Ella y su hermana cantaban en el coro de la iglesia. La familia rezaba unida todas las noches.

Agnes asistió primero a la escuela del Sagrado Corazón y más tarde fue a diferentes escuelas públicas. Aunque las niñas no solían ir a la escuela en esa época, Agnes se tomó los estudios con mucha seriedad. Aprendió el idioma serbocroata que se hablaba en esa área del mundo, aparte del albanés que era el que se hablaba en su casa.

Agnes sufrió de malaria y tosferina cuando era niña. Pero en las pocas ocasiones en las que hablaba de su infancia, la recordaba con cariño. "La mía era una familia feliz", decía.

Capítulo 2
Llamado a la vida espiritual

La feliz vida familiar de Agnes se vio devastada cuando su padre murió. Solo tenía ocho años.

Nikola había ido a Belgrado, en Yugoslavia, para asistir a una reunión política sobre el futuro de Albania. Belgrado estaba a más de 250 millas.

Cuando Nikola regresó a Skopje, después de varios días de viaje, estaba muy enfermo. Murió al día siguiente. La familia nunca supo la causa de la repentina muerte de Nikola. Solo tenía 45 años y gozaba de buena salud antes de irse a Belgrado. Drana sospechaba que había sido envenenado por enemigos políticos, aunque nunca se comprobó.

Todo el pueblo lamentó la muerte de Nikola. Era un hombre bueno y popular. Drana se entristeció mucho. Estaba muy alterada para trabajar. La ley no le dio nada de los negocios y propiedades de su esposo. Los socios de Nikola se rehusaron a compartir la tierra o los negocios. Solo se quedó con la casa donde vivía la familia.

Como hija mayor, Age hizo lo mejor que pudo para ayudar a la familia. Pero sin ningún ingreso, la familia tuvo dificultades. Así que, siendo aún una niña, Agnes experimentó tanto tener mucho, como tener poco.

Con el tiempo, Drana se recuperó de su tristeza y empezó un negocio de bordado. No fue fácil

hacerlo en una sociedad donde los hombres manejaban la mayoría de los negocios. Sin embargo, Drana pronto fue capaz de mantener a su familia y también de ayudar a otros.

A veces Agnes volvía de la escuela y encontraba a desconocidos, hambrientos, que compartían sus comidas como antes. Drana animaba a Agnes a "ver la cara de Jesús" en cada uno de ellos. Le estaba enseñando a Agnes a considerar a los desconocidos como la forma viviente de Dios en la tierra.

Los miembros de la familia confiaban en su fe para superar este difícil momento. Empezaron a ir a misa en el Sagrado Corazón casi a diario. Age y

Agnes asistían a festivales y comidas de campo con amigos de la iglesia.

Agnes desarrolló un gran respeto por la autoridad en su iglesia. Cuando Lazar refunfuñaba por algún sacerdote estricto en el Sagrado Corazón, Agnes le decía que no debía hacerlo. "Es tu deber quererlo y respetarlo", decía.

Agnes comenzó a ayudar a los sacerdotes del Sagrado Corazón. Uno de ellos era el padre Jambrenkovic. Él le mostró a Agnes una revista llamada *Misiones católicas*. Estaba llena de historias y aventuras emocionantes de los misioneros.

A Agnes le encantaban las historias sobre gente que viajaba a lugares lejanos, como España y la India, para ayudar a los necesitados.

¿QUÉ ES UN MISIONERO?

UN MISIONERO ES UNA PERSONA DE UNA IGLESIA O GRUPO RELIGIOSO A QUIEN ENVÍAN A OTRA PARTE DEL MUNDO A COMPARTIR SUS CREENCIAS Y HACER OBRAS DE CARIDAD. CON FRECUENCIA PREDICAN, ENSEÑAN EN ESCUELAS Y AYUDAN A LA COMUNIDAD DE OTRAS MANERAS, COMO CONSTRUYENDO CASAS Y EXCAVANDO POZOS. AL HACER ESTO, LOS MISIONEROS ESPERAN CONVERTIR A OTROS A SU RELIGIÓN Y EXTENDER SU FE.

Cada año, Agnes y su familia iban al santuario de la Virgen de Letnice con otras personas de su iglesia. Creían que la región montañosa de Montenegro era buena para la salud física de Agnes. También creían que era buena para la salud espiritual de la familia. Agnes sentía que cuando estaba allí, Dios la estaba llamando a una vida espiritual.

Ella estaba segura de que le pedía que sirviera a otros. Cuando tenía doce años, se lo contó a su madre. Drana pensó que Agnes era muy joven para tomar una decisión que le cambiaría tanto la vida.

Sin embargo, Agnes siempre fue muy perseverante. Cuando ponía su mente en algo, no se rendía. A los catorce años ya estaba enseñando el catecismo a los niños de la iglesia.

Agnes también se unió a un grupo llamado la Cofradía de la Santa Virgen María, que era una sociedad católica para jóvenes con el fin de honrar a la madre de Jesús, orar y servir a los pobres.

Cuando tenía dieciocho años, Agnes le dijo a Drana que todavía estaba interesada en convertirse en una monja misionera. "Para ese entonces, me había dado cuenta de que mi vocación estaba con los pobres", decía. Pero no sentía que era su decisión. "Era la voluntad de Dios", decía. "Él tomó la decisión".

Capítulo 3
Marcharse de casa

Drana todavía no estaba segura de que Agnes estuviera lista para convertirse en monja. Además, si Agnes se volvía misionera, Drana podría no volver a ver a su hija. Cuando la joven de dieciocho años le dijo a su madre que todavía quería ser monja, Drana se encerró en su habitación y rezó

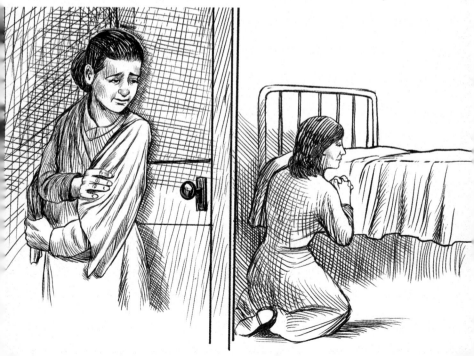

un día entero, ¡sin parar! Después de veinticuatro horas, Drana apareció para apoyar a Agnes. Drana sabía que su hija tenía que seguir a su corazón.

Sin embargo, Lazar no fue tan comprensivo. Su hermano se había marchado de casa en 1924 para asistir a la escuela militar. En 1928 ya era un oficial de las fuerzas armadas de Albania. Estaba enojado porque sentía que Agnes estaba renunciando a todo, es decir, a todas las cosas materiales.

LAZAR

Lazar le escribió a su hermana menor, preguntándole si se daba cuenta de lo que estaba haciendo. Agnes le respondió: "Lazar, dices que eres importante porque eres un oficial al servicio de un rey de dos millones de personas. ¡Pero yo estoy sirviendo al Rey de todo el mundo!".

El padre Jambrenkovic sabía que las hermanas del Instituto de la Santa Virgen María, conocidas comúnmente como la Orden de Loreto, habían estado trabajado en la India por mucho tiempo. Estaban ansiosas por llevar el cristianismo a la enorme población hindú y musulmana. También querían ayudar a los muchos necesitados de ese lugar. La Orden de Loreto había llegado a la India en 1841 para abrir una escuela en Calcuta.

Agnes solicitó ser aceptada en la Orden de Loreto y lo consiguió.

A finales de septiembre de 1928, los amigos de Agnes fueron a la casa de los Bojaxhiu a una fiesta de despedida. Al siguiente día, muchos de ellos también fueron a la estación de trenes para despedirse mientras que Agnes, Age y Drana dejaban Skopje e iban a Zagreb, en Yugoslavia.

En Zagreb, Agnes se separó de su hermana y su madre despidiéndose entre lágrimas.

Drana había temido no volver a ver a su hija, y tuvo razón. Esa fue la última vez que Agnes vio a su madre y a su hermana.

Agnes conoció a otra jovencita que iba a ser parte de la Orden de Loreto. Su nombre era Betike Kanjc. Tomaron juntas el tren a Francia. Allí se encontrarían con la madre superiora —la monja a cargo— de la Orden de Loreto en París. La madre superiora quería asegurarse de que estuvieran listas para la vida religiosa. Ni Agnes ni Betike hablaban francés, pero un intérprete las ayudó.

Agnes estaba ansiosa por llegar a la India y empezar a ayudar a los pobres. Pero había que trabajar antes de hacerlo. No hablaba inglés y lo iba a necesitar para trabajar en la India. Era la época del

Raj británico, cuando la India estaba bajo el mando directo del gobierno británico. (*Raj* significa *mando* en hindi). El Imperio británico comenzó en 1858 y duró casi cien años. Así que Agnes y Betike volvieron a viajar pronto, esta vez en tren y en barco hacia Dublín, en Irlanda.

En Dublín, Agnes y Betike se quedaron en la casa principal de la Orden de Loreto. Era un enorme convento ubicado en una mansión de ladrillo rojo y piedra gris que había sido construido en 1725.

Allí se hospedaron por seis semanas y estuvieron aprendiendo inglés y estudiando para convertirse en monjas. Agnes y Betike no tenían permitido

hablar, ni siquiera entre ellas, en ningún idioma distinto al inglés. Tenían que aprender su nuevo idioma con rapidez.

A finales de noviembre de 1928, Agnes y Betike estaban finalmente listas para ir a la India. Tomaron un tren de Irlanda a Italia y allí abordaron un barco que las llevaría a Bombay, en la India, esta ciudad es ahora conocida como Mumbai.

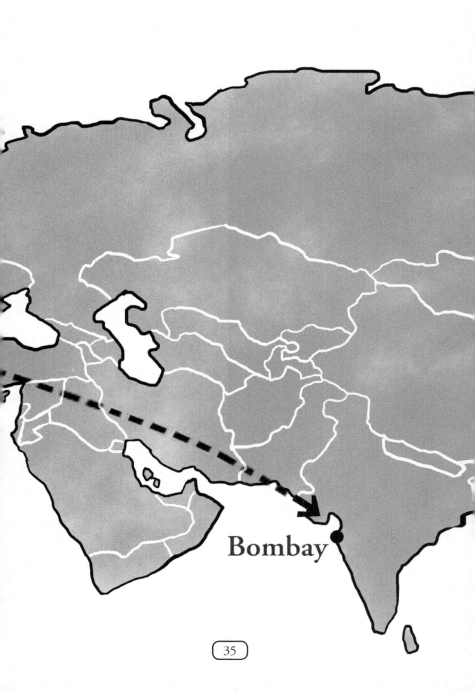

En el barco, Agnes y Betike conocieron a otras monjas de otra orden, y todas juntas celebraron la Navidad. Pronto llegó el Año Nuevo de 1929 y Agnes estaba cada vez más cerca de empezar su nueva vida en la India.

Capítulo 4
A la India

A principios de enero de 1929, Agnes llegó a la India, a la ciudad de Madrás (hoy conocida como Chennai). La ciudad portuaria de Madrás tenía muchos colores, paisajes y olores diferentes que

Agnes nunca había experimentado. Pero también tenía mucha gente pobre y esto le dolió a Agnes en el corazón. Vio a una familia reunida alrededor de un pariente muerto en la calle… otras familias que dormían afuera en esterillas hechas con hojas de palmeras… incluso otros que no tenían ni siquiera eso y dormían simplemente en el suelo. Agnes

navegó por la costa de la India hacia Calcuta (hoy conocida como Kolkata), por primera vez, el 6 de enero de 1929.

Después de diez días en Calcuta, Agnes hizo su primer viaje en tren hacia Darjeeling. El pueblo de Darjeeling es mundialmente conocido por producir el té que lleva su mismo nombre. Está ubicado por encima del nivel del mar, así que el clima es

mucho más fresco que en otras partes de la India. Tiene muchas plantas, flores y animales hermosos. Pero Agnes no estaba allí por el paisaje. Estaba en Darjeeling para continuar su preparación para convertirse en monja.

CONVENTO DE LORETO

En el convento de Loreto en Darjeeling, Agnes estudió inglés, bengalí e hindi durante dos años, mientras enseñaba a las alumnas de la escuela del convento. Aunque el hindi era el idioma oficial de la India, en Calcuta se hablaba bengalí. Agnes debió haberse contagiado de la habilidad de su padre para hablar muchos idiomas porque los aprendió todos con rapidez. Hablaba un excelente inglés, aunque con un marcado acento europeo, y también hablaba con facilidad con mucha gente en la India.

El 24 de mayo de 1931, Agnes tomó sus primeros votos como monja y se convirtió en la hermana Teresa. Tomó el nombre de Teresa de una santa francesa que tenía solo veinticuatro años cuando murió en 1897.

La hermana Teresa (Agnes) tenía mucho en común con la santa Thérèse. A ella la habían llamado "capullo de flor" y la santa Thérèse era conocida como "la pequeña flor". Ambas eran conocidas por su sencillez y practicidad. Y santa Thérèse, quien había sido monja, era la santa patrona de los misioneros. Toda una inspiración para la hermana Teresa.

Agnes escribía su nombre al estilo español, Teresa, porque ya existía una hermana Marie-Thérèse en Loreto. Las alumnas de la escuela la empezaron a llamar "Teresa bengalí", porque hablaba muy bien el idioma.

SANTA THÉRÈSE DE LISIEUX

Poco tiempo después de tomar sus votos, la hermana Teresa regresó a Calcuta y empezó a enseñar en la escuela de Santa María. La escuela estaba ubicada dentro de los altos muros blancos que separaban el convento de Loreto de la desbordante ciudad.

Durante la mayor parte de los siguientes dieciseis años, la rutina diaria de la hermana Teresa fue la misma. Se levantaba a las cinco y treinta de la mañana para disfrutar de un momento de tranquilidad antes de la misa de las 6:00 a. m. Luego venía el momento de oración, el desayuno y la escuela. Después de la escuela, había trabajo de oficina, el té de la tarde y la corrección de trabajos. Luego la cena, las oraciones de la noche y la hora de dormir.

LOS VOTOS RELIGIOSOS

UNA MONJA CATÓLICA ROMANA "TOMA LOS VOTOS" PÚBLICAMENTE, O JURA SU COMPROMISO CON LA IGLESIA. PROMETE OBSERVAR LA POBREZA, LA CASTIDAD Y LA OBEDIENCIA COMO PARTE DE SU LLAMADO A SERVIR A DIOS.

EL VOTO DE POBREZA SIGNIFICA QUE LA MONJA NO TENDRÁ PERTENENCIAS. VIVIRÁ EN UNA COMUNIDAD CON OTRAS MONJAS Y COMPARTIRÁ LA COMIDA Y SUS POSESIONES. EL VOTO DE CASTIDAD SIGNIFICA QUE NO ESTARÁ EN UNA RELACIÓN ROMÁNTICA NI SE CASARÁ NUNCA. EL VOTO DE OBEDIENCIA SIGNIFICA QUE OBEDECERÁ A LOS LÍDERES DE LA IGLESIA.

DESPUÉS DE TOMAR LOS VOTOS, LA MONJA USA UN ANILLO EN EL DEDO ANULAR DERECHO PARA SIMBOLIZAR QUE ESTÁ "CASADA" CON LA IGLESIA. EN ALGUNAS ÓRDENES, COMO EN LA ORDEN DE LORETO DE LA MADRE TERESA, LOS VOTOS SE TOMAN DE NUEVO DESPUÉS DE VARIOS AÑOS Y SON CONSIDERADOS LOS "VOTOS FINALES". LA HERMANA TERESA TOMÓ SUS VOTOS FINALES EN 1937.

En 1944, la madre superiora de Santa María se enfermó. La hermana Teresa era trabajadora y organizada, y conocía cómo funcionaba la escuela debido a su largo servicio allí. Así que se encargó de las tareas de la madre superiora y sería conocida como Madre Teresa por el resto de su vida.

La Madre Teresa se sentía cómoda con la disciplina de su rutina y feliz con la enseñanza a sus estudiantes. "Me encantaba enseñar", decía la Madre Teresa, "y en Loreto, era la monja más feliz del mundo".

Capítulo 5
Una larga espera

La Madre Teresa escribió a su madre contándole lo feliz que era con la enseñanza. Drana estaba contenta de escucharlo. Sin embargo, le recordó a su hija que había ido a la India a ayudar a los pobres.

Eso no era tan fácil en Loreto. La Madre Teresa era una monja de clausura. Tenía que vivir y trabajar en el convento. Muy rara vez tenía permiso para salir.

De todas maneras, la Madre Teresa sabía lo que ocurría al otro lado de los muros del convento. Podía ver las barriadas desde la ventana de su dormitorio.

Con 1.2 millones de personas, Calcuta era ya la tercera ciudad más grande de la India cuando la Madre Teresa llegó allí. Era una ciudad calurosa y estaba llena de gente. Tenía muchos barrios pobres, llamados barriadas, incluido Motijhil.

La gente más pobre vivía en las peores condiciones en Motijhil, justo afuera de los muros del convento.

En 1943, la hambruna de Bengala trajo a miles de personas del campo hacia la ciudad de Calcuta en busca de comida. Las condiciones de las barriadas se volvieron peores.

En esa época, líderes políticos como Mahatma Gandhi animaban a la India a ganar su independencia del gobierno británico. Los hindúes y los musulmanes estaban de acuerdo con la independencia. Pero se peleaban entre sí por el poder político, incluso mientras Gandhi predicaba la no violencia.

La Madre Teresa rezaba por los pobres de Calcuta. Pero creía que los actos debían acompañar sus oraciones. Así que organizó una división local de la Congregación de la Virgen María en la escuela de Santa María. Las alumnas que se unieron, iban a la ciudad una vez a la semana a llevar comida y medicinas a los pobres, o a visitar el hospital local.

En agosto de 1946, el enfrentamiento entre hindúes y musulmanes se convirtió en una batalla sangrienta que duró varios días en las calles de Calcuta. Al menos cinco mil personas fueron asesinadas. Muchas más resultaron heridas.

La entrega de comida era imposible y pronto el Convento de Loreto no tuvo para alimentar a las más de doscientas niñas que vivían allí. La Madre Teresa no tuvo otra opción y salió del convento a buscar comida. Fue testigo de un escenario terrible: gente herida y cadáveres abandonados en las calles. Por fortuna, unos soldados británicos vieron a la Madre Teresa deambulando en búsqueda de comida. La llevaron corriendo a su camión, encontraron suficiente arroz, que alcanzaría para las niñas por varios días, y la llevaron de vuelta al convento.

Fue una experiencia terrible que debió estar todavía en la mente de la Madre Teresa, cuando iba en el tren hacia Darjeeling varias semanas después, para su retiro anual. Fue entonces cuando recibió el mensaje de Dios de ir a las barriadas a trabajar y a vivir con los pobres.

Sin embargo, no fue un asunto simple. Al ser una monja de clausura, la Madre Teresa necesitaba permiso de la cabeza de la Iglesia católica, el papa Pío XII en Roma. Y necesitaba que el arzobispo de Calcuta hiciera la petición en su nombre.

Sin su aprobación, la Madre Teresa estaría rompiendo su voto de obediencia. Su respeto por la Iglesia no le permitiría hacerlo. Así que después de regresar de su retiro, le pidió ayuda al

PAPA PÍO XII

padre Celeste Van Exem, que era un sacerdote de la localidad.

El padre Van Exem le dijo al arzobispo lo que la Madre Teresa esperaba hacer. En un principio, el arzobispo no quería que la Madre Teresa fuera a las barriadas. Pensó que era inseguro e imprudente. Así que le dijo a la Madre Teresa que esperara un año y viera si ella cambiaba de opinión. Pero la Madre Teresa fue más persistente que nunca. Cuando pasó el año, todavía quería servir a los pobres en las barriadas donde vivían.

El arzobispo le advirtió a la Madre Teresa que el papa Pío le podría pedir que dejara su orden religiosa para trabajar en las barriadas. La Madre Teresa había sido monja durante toda su vida adulta. Pero sentía que tenía que correr el riesgo. Los meses pasaron. La Madre Teresa rezaba y esperaba.

Casi dos años después de la primera reunión entre el padre Van Exem y el arzobispo, el Papa estuvo de acuerdo con permitir que la Madre Teresa siguiera siendo monja y viviera fuera de las paredes del convento.

Aunque había una condición. Ella podía continuar con su plan por un periodo de prueba de un año. Luego decidirían si podía continuar. La Madre Teresa aceptó sin reparos.

MAHATMA GANDHI (1869-1948)

MAHATMA GANDHI, QUIEN NACIÓ CON EL NOMBRE DE MOHANDAS KARAMCHAND GANDHI, FUE EL LÍDER DE LA INDEPENDENCIA DE LA INDIA. ES CONOCIDO POR PROMOVER MEDIOS NO VIOLENTOS PARA ACABAR CON LA OPRESIÓN.

GANDHI FUE UN HINDÚ QUE ESTUDIÓ DERECHO EN INGLATERRA. VIVIÓ EN SUDÁFRICA DURANTE VEINTE AÑOS, DONDE TRABAJÓ PARA ACABAR CON LA DISCRIMINACIÓN CONTRA LOS INDIOS. EN 1914, VOLVIÓ A SU TIERRA NATAL. ALLÍ EMPEZÓ UNA CAMPAÑA DE DESOBEDIENCIA PACÍFICA PARA TERMINAR CON LA DOMINACIÓN BRITÁNICA.

LA FILOSOFÍA DE VIDA DE GANDHI SE LLAMABA *SATYAGRAHA* O "FUERZA DE LA VERDAD". EL *SATYAGRAHA* SE FUNDAMENTABA EN LOS TRES PRINCIPIOS DE NO COOPERACIÓN, NO VIOLENCIA Y NO POSESIÓN.

Capítulo 6
En las barriadas

Desde que tomó los votos, la Madre Teresa había vestido el hábito blanco y negro (la ropa de trabajo) de una monja. Pero eso no la ayudaría en las calles de la ciudad. Ella quería ser una persona más, no quería distinguirse del resto de la gente. Así que optó por usar un sari. El vestido tradicional de las mujeres indias, llamado sari, está hecho de una pieza de tela que envuelve y cubre el cuerpo.

Un sari puede ser liso, o decorado con adornos y bordado. La Madre Teresa eligió un sencillo sari blanco con líneas azules porque los católicos asocian el azul con María, la madre de Jesús.

El 17 de agosto de 1948, la Madre Teresa salió del Convento de Loreto y entró en las barriadas de Motijhil. Decía que abandonar la escuela Santa María había sido lo más difícil que había hecho jamás, "un sacrificio incluso mayor que haber dejado a mi familia". No tenía casi dinero: solo tres rupias —cerca de dos céntimos y medio, y un poco de entrenamiento médico. En el convento sabía que siempre contaba con una cama donde dormir, alimentos para comer y un lugar donde trabajar. Ahora no sabía dónde dormiría, qué comería o cómo trabajaría.

Encontró un lugar para dormir después de tocar a la puerta de las Hermanitas de los Pobres, una organización católica romana que ayuda a los ancianos. La Madre Teresa les pidió usar una de las camas vacías. También consiguió algo de dinero por medio de un sacerdote.

En cuanto al trabajo, ni siquiera sabía por dónde empezar. Entonces comenzó con lo que sabía: enseñar. Debajo de un árbol, no muy lejos de las paredes del convento, la Madre Teresa tomó un palo

y empezó a enseñar a un par de niños el alfabeto bengalí, dibujándolo en el barro. Cada semana se unían más niños. Al terminar el primer mes, ¡más de veinte niños venían a diario!

La voz se corrió y las familias de las barriadas estaban encantadas. No tenían mucho dinero. Sin embargo, ayudaban con lo que podían. Una persona donó una silla para que la Madre Teresa pudiera sentarse. Otros trajeron pizarras y tizas, una mesa y más sillas. La Madre Teresa no tenía un edificio, pero tenía una escuela.

La Madre Teresa empezó a distribuir barras de jabón como recompensa por asistir a las clases y aprender las lecciones. La limpieza era una manera importante de evitar que los niños de las barriadas se enfermaran. A mediados de enero, la Madre Teresa tenía cuarenta y seis niños en su pequeña escuela. Con el dinero que le quedaba del párroco, alquiló dos habitaciones.

La Madre Teresa rápidamente se hizo conocida en el vecindario. Pero ella quería más, quería ser parte de él. Su habitación con las Hermanitas de los Pobres no quedaba en Motijhil, y ella quería estar cerca de las personas con las que trabajaba a diario.

Con la ayuda del padre Van Exem, la Madre Teresa le pidió a un hombre de la localidad, llamado Alfred Gomes, que le permitiera alquilar una habitación en su hogar. Gomes la dejó quedarse sin pagar. Incluso se ofreció a decorar su habitación. Pero la Madre Teresa solo quería una cama y una mesa para escribir.

Transcurrió un año y el arzobispo le dio a la Madre Teresa permiso para continuar su misión. Un día de marzo de 1949, una de las antiguas estudiantes de la Madre Teresa en Santa María, tocó a la puerta de su habitación. Ella también quería servir a los pobres. Luego vino otra. Y otra. Y otra.

Las jovencitas se habían inspirado por el trabajo de la Madre Teresa en Motijhil. A finales de 1949, había diez graduadas de Santa María. ¡Alfred Gomes tuvo que construir una habitación nueva y un baño para acomodarlas a todas en la casa!

La Madre Teresa envió una solicitud a Roma para formar una nueva orden de monjas llamada las Misioneras de la Caridad. Su petición fue aprobada en 1950.

EL MOVIMIENTO DE LA RUECA

LA DECISIÓN DE LA MADRE TERESA DE USAR UN SARI FUE POR RAZONES PRÁCTICAS. ERA SENCILLO, FÁCIL DE USAR Y LA MANTENÍA ABRIGADA EN INVIERNO Y FRESCA EN VERANO. SIN EMBARGO, PARA MUCHAS MUJERES INDIAS, EL SARI ES SÍMBOLO DE INDEPENDENCIA ECONÓMICA.

MAHATMA GANDHI COMENZÓ EL MOVIMIENTO DE LA RUECA EN LA INDIA EN LOS AÑOS VEINTE. ALENTÓ A LAS MUJERES INDIAS A HILAR EN RUECAS SUS PROPIOS HILOS Y LANA, UTILIZANDO EL ALGODÓN CRUDO. GANDHI QUERÍA QUE ELLAS HICIERAN SU PROPIA TELA Y SUS ROPAS, EN LUGAR DE DEPENDER DE LAS IMPORTACIONES BRITÁNICAS. LOS BRITÁNICOS HABÍAN ESTADO

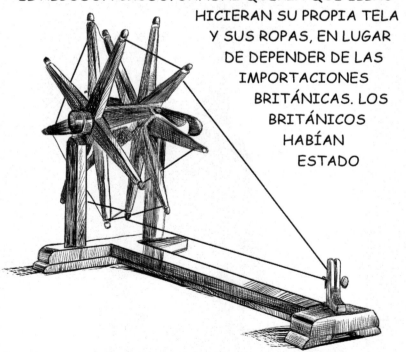

COMPRANDO EL ALGODÓN BARATO EN LA INDIA, CONFECCIONANDO LA ROPA EN GRAN BRETAÑA, Y LUEGO VENDIÉNDOLA A PRECIOS ELEVADOS A LOS INDIOS. AL HACER LA TELA HILANDO SU PROPIO ALGODÓN, LOS INDIOS DEPENDÍAN MENOS DE LOS BRITÁNICOS.

EL MOVIMIENTO FUE TAN IMPORTANTE EN LA INDIA QUE REPRESENTARON UNA RUECA EN LA BANDERA ORIGINAL DEL PAÍS. HASTA EL DÍA DE HOY, SOLO SE PERMITE TELA HILADA A MANO EN LA FABRICACIÓN OFICIAL DE LA BANDERA INDIA.

Capítulo 7
Los más pobres de los pobres

Las Misioneras de la Caridad de la Madre Teresa tomaron los votos habituales de pobreza, castidad y obediencia. Pero agregaron un voto más: servir a "los más pobres de los pobres". Cada día se levantaban a las cuatro y media, decían sus oraciones, desayunaban y luego iban a las barriadas de Calcuta. En las barriadas, las viviendas estaban atestadas y se derrumbaban. Había poco aire fresco. No existían servicios básicos como agua limpia, electricidad y recolección de basura. Las enfermedades se propagaban con rapidez en estas condiciones.

Un día de 1952, la Madre Teresa vio a una mujer acostada en la calle. Las ratas se habían comido parte de su carne y por sus heridas trepaban los gusanos. Nadie se detuvo a ayudarla. Así que la Madre Teresa, siendo una persona pequeña, levantó a la moribunda y la llevó al hospital. El hospital se

negó a ayudar. Una enfermera dijo que la vida de la mujer no se podía salvar. Ni la mujer ni la Madre Teresa tenían dinero para pagar el hospital.

La Madre Teresa no aceptaba un no como respuesta, así que la enfermera se rindió. La Madre Teresa sabía que aquella mujer no sobreviviría. Pero también sabía que aquella mujer no merecía morir en la calle como un animal. Preocuparse por los moribundos era un acto supremo de amor para la Madre Teresa.

De tanto caminar por las calles de Motijhil, la Madre Teresa sabía que había muchas más personas como aquella mujer. La población de las ciudades estaba creciendo a un ritmo acelerado y no había suficiente espacio para todos. La gente que solía trabajar en el campo venía a las ciudades en busca de trabajo. No tenían familia ni amigos. La Madre Teresa sentía que todos ellos, "los más pobres de los pobres", merecían su ayuda.

Así que fue con los funcionarios de la ciudad a pedirles un lugar para establecer un hogar para

moribundos. Una vez más, la Madre Teresa no iba a aceptar un no como respuesta. Le dieron un edificio abandonado detrás de un gran templo hindú.

La Madre Teresa y las Misioneras de la Caridad fregaron los pisos, limpiaron las paredes y trajeron camas. En solo una semana, el hogar para moribundos estaba abierto. Se llamaba Nirmal Hriday, que significa "el lugar de los de corazón puro".

El edificio Nirmal Hriday había sido usado antes por viajeros que visitaban el templo. Esto causó controversia. Los hindúes temían que la Madre Teresa tratara de convertir a sus pacientes moribundos al cristianismo. Pero la Madre Teresa se aseguró de que cada paciente recibiera los santos rituales que deseaban. Esto incluía agua del río Ganges (considerada santa) en los labios para los hindúes y lecturas del Corán (sagrada escritura) para los musulmanes. Cuando sus vecinos hindúes vieron esto, le dieron la bienvenida al hogar para moribundos. De hecho, muchos ofrecieron su ayuda.

La Madre Teresa daba amor y cuidado tanto a las personas en el final de sus vidas, como a aquellas que recién empezaban.

En ocasiones, los bebés de los pobres eran abandonados en las estaciones de policía, en hospitales o en las esquinas. Las Misioneras de la Caridad los recogían. La Madre Teresa hizo correr la voz de que todos los niños recibirían cuidado. En 1955, abrió un hogar para huérfanos y bebés abandonados.

En esa época, la lepra era una grave enfermedad de la piel muy común en la India. La lepra es causada por una infección que se propagaba con rapidez en las pobres condiciones de vida de las barriadas. Deforma el cuerpo; las personas pueden perder los dedos de las manos y de los pies, o partes de su cara. También causa debilidad muscular y un profundo daño en los nervios. Los leprosos eran tratados como marginados. Ninguna persona sana quería estar cerca de ellos.

La Madre Teresa abrió una clínica para leprosos en Calcuta y compró una camioneta que servía como centro de tratamiento móvil. Luego ayudó a construir una aldea para leprosos. Ahora tenían un lugar donde podían aprender a vivir por sí mismos. Se llamó Shanti Nagar, que significa "ciudad de paz".

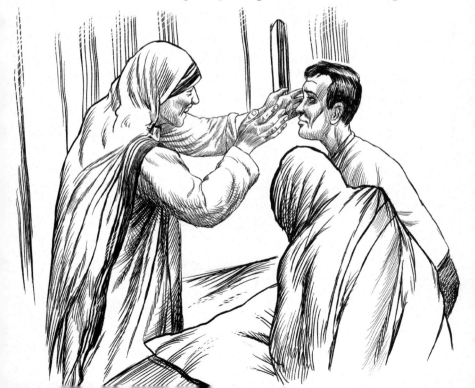

EL SISTEMA DE CASTAS EN LA INDIA

EN LA CULTURA TRADICIONAL INDIA, LAS PERSONAS ESTABAN DIVIDIDAS EN DIFERENTES NIVELES SOCIALES O CASTAS.

LOS SACERDOTES Y LOS PROFESORES PERTENECÍAN A LA CASTA MÁS ALTA, Y SE LLAMABAN BRAHAMANES. LUEGO VENÍAN LOS KSHATRIYAS, QUE ERAN LOS GUERREROS Y LOS REYES. LA CASTA DE LOS VAISHYAS INCLUÍA A LOS TERRATENIENTES, LOS COMERCIANTES Y LOS AGRICULTORES. LOS SUDRAS CONFORMABAN LA CASTA MÁS BAJA, COMPUESTA POR LOS TRABAJADORES Y LOS ARTESANOS. LAS PERSONAS NO SE PODÍAN CASAR CON MIEMBROS DE OTRAS CASTAS. ¡NI SIQUIERA TENÍAN PERMITIDO COMPARTIR UNA COMIDA!

HABÍA UN GRUPO DE PERSONAS CONSIDERADO TAN BAJO QUE NO ESTABAN DENTRO DEL SISTEMA DE CASTAS. ERAN LLAMADOS LOS INTOCABLES. MUCHOS DE ELLOS VIVÍAN EN LAS BARRIADAS. LOS INTOCABLES TENÍAN LOS TRABAJOS MÁS SUCIOS, COMO EL BARRIDO DE LAS CALLES Y LA MANIPULACIÓN DE BASURA. EN 1950, LES DIERON IGUALDAD DE DERECHOS BAJO LA LEY, PERO MUCHOS TODAVÍA HOY ENFRENTAN PREJUICIOS.

Capítulo 8
Las Misioneras de la Caridad se expanden por el mundo

A principios de 1953, la orden de la Madre Teresa ya no estaba en casa de los Gomes. El arzobispo la ayudó a comprar un edificio en Calcuta. Hoy en día, este edificio todavía funciona como sede de las Misioneras de la Caridad.

A pesar de tan rápido crecimiento, las Misioneras de la Caridad todavía no eran conocidas fuera de la India. Esto no le importaba a la Madre Teresa. Nunca necesitó publicidad. Desde luego no andaba buscándola, ni siquiera por el beneficio de recaudar dinero.

Siempre se necesitaban suministros y dinero. Pero la Madre Teresa creía firmemente que Dios proveería, y nunca temió pedir en nombre de Dios.

Por ejemplo, cuando la Madre Teresa empezó a trabajar en las barriadas de Calcuta, los enfermos comenzaron a pedir medicinas. La Madre Teresa no tenía medicinas ni dinero para comprarlas. Así que tocó a la puerta de las farmacias de todo el pueblo pidiendo ayuda. En ocasiones, le cerraban la puerta en la cara, pero la mayoría de las veces las personas la ayudaban.

Cuando no hubo agua limpia en Motijhil, la Madre Teresa fue directamente con el doctor B. C. Roy. Él era el funcionario del gobierno más importante en la región de Bengala. El doctor Roy hizo instalar una bomba de agua. Más tarde ayudó con muchas otras cosas que se necesitaban en las barriadas.

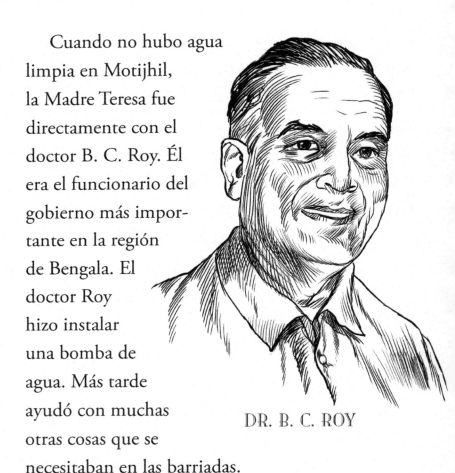
DR. B. C. ROY

En ocasiones, la ayuda llegaba de maneras sorprendentes, grandes y pequeñas. Antes de que la Madre Teresa abriera Shanti Nagar para los leprosos, el papa Pablo VI visitó la India y donó el auto que usó en su viaje para las Misioneras de la Caridad.

Ellas lo rifaron y ganaron suficiente dinero para empezar el proyecto completo de Shanti Nagar.

Otra historia cuenta que un niño de la India escuchó hablar de la Madre Teresa y preguntó cuánto dinero podría ahorrar su familia si él dejara de comer azúcar por un tiempo. Unos días más tarde, el niño se presentó ante la Madre Teresa con una rupia, ¡que era menos de un centavo!

Luego, en 1969, Malcolm Muggeridge hizo una película sobre la Madre Teresa para la Corporación Británica de Radiodifusión, más conocida como la BBC. Muggeridge era un periodista famoso. Estaba asombrado con el trabajo caritativo de la Madre Teresa. Cuando la gente vio la película en la televisión, el dinero para las Misioneras de la Caridad comenzó a llegar de todas partes del mundo.

En 1972, la Madre Teresa recibió una carta desde Albania. Age estaba viviendo allí con Drana. Age decía que su madre estaba muy enferma. En Albania, los ciudadanos no eran libres para viajar dentro

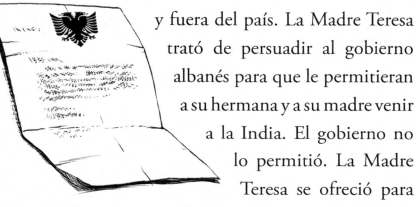

y fuera del país. La Madre Teresa trató de persuadir al gobierno albanés para que le permitieran a su hermana y a su madre venir a la India. El gobierno no lo permitió. La Madre Teresa se ofreció para ir a Albania. Pero si lo hacía, el gobierno dijo que era posible que no pudiera regresar a la India. Así que, "por el bien de los pobres", la Madre Teresa no viajó. Su madre murió en julio de 1972. Su hermana, Age, murió el verano siguiente.

La Madre Teresa lidió con esa tristeza. Sus obras de caridad se difundieron durante los siguientes diez años y ella se hizo más y más conocida. Recibió muchos premios, incluido el Premio Nobel de la Paz en 1979 por su trabajo "de ayuda a la humanidad que sufre". Su hermano, Lazar, que vivió en Italia hasta su muerte en 1981, estuvo en Oslo, Noruega, para verla recibir el premio. El Premio Nobel de la Paz le dio a la Madre Teresa fama mundial. Ser famosa nunca fue un objetivo de la Madre Teresa. Sin embargo, reconoció que era algo que ayudaba a concientizar y recaudar dinero para las Misioneras de la Caridad.

No obstante, con la fama llegó la controversia. Algunas personas criticaron a la Madre Teresa por

aceptar dinero de personas que luego fueron condenadas por robo. Sus defensores dijeron que ella no tenía manera de saberlo. Algunas personas la criticaron por no pronunciarse en contra de las *causas* de la pobreza y en su lugar, solo intentar combatirla. La Madre Teresa siempre decía que ella no podía cambiar el mundo. Erradicar la pobreza era el trabajo de los políticos.

Otros se quejaban de los tratamientos médicos en sus instalaciones. Pero las Misioneras de la Caridad no estaban para suplantar el lugar de los trabajadores médicos calificados. Ellas estaban allí para amar a los enfermos y moribundos. Las

personas que ellas cuidaban "han sido rechazadas toda su vida", decía. "Queremos que al final de sus días sientan que alguien los ama y se preocupa por ellos".

Sin embargo, otros sostenían que la devoción de la Madre Teresa por los pobres era solo una excusa para convertir a la gente a la fe católica. Pero la

Madre Teresa nunca trató de convertir a la gente a su religión. En lugar de eso, le gustaba decir: "Te convierto para que seas un mejor hindú, un mejor católico, un mejor musulmán o budista".

La Madre Teresa creía que las personas de todas las creencias le rezaban al mismo Dios. Lo más importante era amarse los unos a los otros. "La mejor conversión es hacer que la gente se ame", decía. "Cuando se aman entre sí, se acercan a Dios".

EL PREMIO NOBEL

EL PREMIO NOBEL DE LA PAZ ES UNO DE LOS RECONOCIMIENTOS MÁS FAMOSOS DEL MUNDO. SE LLAMA ASÍ POR ALFRED NOBEL (1833-1896), UN QUÍMICO E INVENTOR SUECO. EN SU TESTAMENTO, NOBEL ESTABLECIÓ UN FONDO QUE, DESPUÉS DE SU MUERTE, DEBÍA SER UTILIZADO PARA OTORGAR PREMIOS ANUALES EN LAS ÁREAS DE QUÍMICA, LITERATURA, PAZ, FÍSICA Y FISIOLOGÍA O MEDICINA. LOS PREMIOS SE OTORGARON POR PRIMERA VEZ EN 1901.

ALFRED NOBEL

EL PREMIO DE LA PAZ SE PRESENTA CADA AÑO EN OSLO (LA CAPITAL DE NORUEGA), EL 10 DE DICIEMBRE, EN EL ANIVERSARIO DE LA MUERTE DE NOBEL.

Capítulo 9
Una santa entre nosotros

Durante casi treinta y cinco años, la Madre Teresa solo trabajó en la India. Pero en 1965, el papa Pablo VI le concedió permiso para abrir casas de las Misioneras de la Caridad en todo el mundo. Un obispo local de Venezuela la invitó y allí fue.

Poco después, la casa de las Misioneras de la Caridad en Cocorote, Venezuela, estaba abierta.

La siguiente casa fuera de la India abrió en un barrio residencial de Roma, en Italia, en 1968. Luego vinieron las casas de Australia, África, Inglaterra y de muchos otros lugares. En 1971, las Misioneras de la Caridad abrieron su primera casa en Estados Unidos, en la ciudad de Nueva York. En cada ciudad, las monjas salían de la casa de las Misioneras de la Caridad cada mañana para ir a las calles a ayudar a los pobres.

En 1982, la Madre Teresa llevó un grupo a Beirut, en el Líbano. Este país del Oriente Medio estaba en medio de una guerra. Docenas de niños estaban amontonados en un hospital donde las bombas habían explotado las ventanas y destrozado dos pisos del edificio. La Madre Teresa, por ese entonces con setenta y dos años, ayudó a recogerlos ella misma y a llevarlos a esperar los automóviles de la Cruz Roja. ¿Por qué fue a una zona de guerra tan peligrosa? "Todos ellos son los hijos de Dios", dijo

la Madre Teresa. Los niños pronto fueron puestos a salvo, en una escuela que las Misioneras de la Caridad habían abierto dos años atrás.

Convertirse en una organización de ayuda mundial era un gran proyecto. Pero la Madre Teresa siempre ignoraba las preguntas sobre cómo lo había conseguido. "Sabemos lo que la gente necesita y empezamos a hacerlo", dijo con naturalidad.

¿Cómo pudo esta diminuta y, en apariencia, frágil monja hacer tanto?

Su viejo amigo, el padre Van Exem, tenía esta explicación: la Madre Teresa, "era una monja de Loreto corriente, una persona normal, pero con un gran amor por el Señor".

"[Ella fue] siempre una persona muy devota, [pero] sobre todo era ella misma", dijo una de las monjas que trabajó con la Madre Teresa. "Nunca obligaba a nadie. Ella era lo que sentía que tenía que ser".

En los años ochenta, la salud de la Madre Teresa comenzó a decaer. Con los años, tuvo varios ataques

al corazón. Sufrió de enfermedades como malaria y neumonía y, en contra de los consejos de los doctores, seguía trabajando. Había tantos pobres para ayudar, pensaba, y "yo voy a tener toda la eternidad para descansar". Continuó trabajando como la cabeza de las Misioneras de la Caridad hasta marzo de 1997.

El 5 de septiembre de 1997, la Madre Teresa murió en Calcuta a la edad de ochenta y siete años.

Las Misioneras de la Caridad continúan su trabajo bajo el liderazgo de la hermana María Prema

Pierick. Tienen hogares y refugios de ayuda en más de cien países alrededor del mundo. Esta organización benéfica alimenta a más de quinientas mil familias, y ofrece tratamiento a más de noventa mil pacientes de lepra cada año.

En 2003, la Madre Teresa fue beatificada por la Iglesia católica. Lo que constituye un gran paso en el camino a convertirse en santa. El papa Juan Pablo II

la declaró oficialmente "Beata Madre Teresa" por un milagro que implica la sanación de una mujer india con cáncer. Todavía no se le ha acreditado un segundo milagro, lo cual es necesario para que se convierta en santa.

Para mucha gente, los santos son personas increíblemente buenas que vivieron hace cientos de años. Pero la Madre Teresa demostró que los santos viven entre nosotros, incluso hoy en día.

LÍNEA CRONOLÓGICA DE LA VIDA DE LA MADRE TERESA

1910	Nace Agnes Gonxha Bojaxhiu el 27 de agosto en Skopje, en el Imperio otomano.
1928	Viaja a Irlanda al convento de las Hermanas de Loreto.
1931	Toma sus primeros votos como monja; su nuevo nombre es Hermana Teresa. Empieza a enseñar en la escuela de Santa María de Loreto, en Calcuta.
1937	Toma sus últimos votos como monja.
1944	Se convierte en directora de la escuela Santa María. Por el resto de su vida, es conocida como Madre Teresa.
1946	Escucha "un llamado de Dios" durante un viaje en tren hacia Darjeeling.
1948	Consigue el permiso del Papa para abandonar el convento y trabajar con los pobres en la India.
1950	Se forman oficialmente las Misioneras de la Caridad.
1952	Abre Nirmal Hriday, el hogar para moribundos de las Misioneras de la Caridad, en Calcuta.
1955	Las Misioneras de la Caridad abren un hogar para niños abandonados, llamado Shishu Bhavan, también en Calcuta.
1965	En Venezuela, las Misioneras de la Caridad abren su primer hogar fuera de la India.
1979	Gana el Premio Nobel de la Paz.
1997	Con la Madre Teresa enferma, la hermana Nirmala se convierte en la nueva líder de las Misioneras de la Caridad. La Madre Teresa muere a la edad de ochenta y siete años, el 5 de septiembre.
2003	En un importante paso hacia la santidad, la Madre Teresa es beatificada por la Iglesia católica y se le da el título de Beata Madre Teresa de Calcuta.

LÍNEA CRONOLÓGICA DEL MUNDO

El *Titanic* se hunde durante su primer viaje.	1912
Comienza la Primera Guerra Mundial.	1914
Termina la Primera Guerra Mundial.	1918
Una importante epidemia gripal, que empezó en 1918, mata entre treinta y cincuenta millones de personas alrededor del mundo.	1919
La bolsa de valores se desploma en Estados Unidos y empieza la Gran Depresión.	1929
Comienza la Segunda Guerra Mundial.	1939
Termina la Segunda Guerra Mundial.	1945
India se independiza de Gran Bretaña y se divide en India y Pakistán.	1947
John F. Kennedy, el presidente de Estados Unidos, es asesinado.	1963
El estadounidense Neil Armstrong se convierte en la primera persona en caminar sobre la luna.	1969
Richard Nixon renuncia como presidente de Estados Unidos después del escándalo Watergate.	1974
La computadora personal Macintosh se presenta al mundo.	1984
La Unión Soviética colapsa.	1991
Los ataques terroristas del 11 de septiembre matan a casi tres mil personas en Estados Unidos.	2001

Colección ¿Qué fue...? / ¿Qué es...?

El Álamo
La batalla de Gettysburg
El Día D
La Estatua de la Libertad
La expedición de Lewis y Clark
La Fiebre del Oro
La Gran Depresión

La isla Ellis
La Marcha de Washington
El Motín del Té
Pearl Harbor
Pompeya
El Primer Día de Acción de Gracias
El Tren Clandestino

Colección ¿Quién fue...? / ¿Quién es...?

Albert Einstein
Alexander Graham Bell
Amelia Earhart
Ana Frank
Benjamín Franklin
Betsy Ross
Fernando de Magallanes
Franklin Roosevelt
Harriet Beecher Stowe
Harriet Tubman
Harry Houdini
Los hermanos Wright
Louis Armstrong

La Madre Teresa
Malala Yousafzai
María Antonieta
Marie Curie
Mark Twain
Nelson Mandela
Paul Revere
El rey Tut
Robert E. Lee
Roberto Clemente
Rosa Parks
Tomás Jefferson
Woodrow Wilson